a vertical
das
emoções:
**as crônicas de
clarice lispector**

a vertical das emoções:
as crônicas de clarice lispector

GEORGES DIDI-HUBERMAN

Tradução e posfácio
Eduardo Jorge de Oliveira

© Relicário Edições, 2021
© Georges Didi-Huberman, 2021

DADOS INTERNACIONAIS DE CATALOGAÇÃO NA PUBLICAÇÃO (CIP) DE ACORDO COM ISBD

D556v

Didi-Huberman, Georges

A vertical das emoções: as crônicas de Clarice Lispector / Georges Didi-Huberman ; traduzido por Eduardo Jorge de Oliveira. - Belo Horizonte : Relicário, 2021.
76 p. ; 12cm x 17cm.

ISBN: 978-65-89889-18-2

1. Literatura. 2. Crítica literária. I. Oliveira, Eduardo Jorge de. II. Título.

2021-3397

CDD 809
CDU 82.09

Elaborado por Vagner Rodolfo da Silva - CRB-8/9410

Ensaio publicado originalmente na revista *Critique*, n. 893: *Histoires de l'œil*. Paris: Les Éditions de Minuit, out. 2021.

Coordenação editorial Maíra Nassif Passos
Assistente editorial Márcia Romano
Capa Tamires Mazzo
Imagem da capa Clarice Lispector, 1968. Arquivo Nacional.
Fundo Correio da Manhã
Projeto gráfico e diagramação Caroline Gischewski
Revisão Maria Fernanda Moreira

RELICÁRIO EDIÇÕES
Rua Machado, 155, casa 1 | Colégio Batista
Belo Horizonte - MG, 31110-080
contato@relicarioedicoes.com | www.relicarioedicoes.com
@relicarioedicoes   /relicario.edicoes

7 A vertical das emoções:
   as crônicas de Clarice Lispector

47 POSFÁCIO
   A emoção segundo G.(D-)H.
   por Eduardo Jorge de Oliveira

75 **Sobre o autor**

"Amanheci em cólera. Não, não, o mundo não me agrada. A maioria das pessoas estão mortas e não sabem, ou estão vivas com charlatanismo. […] E se tento falar, sai um rugido de tristeza. Então não é cólera apenas? Não, é tristeza também" (p. 29 e 31).[1] Começando a *ter*, como se diz, uma crônica semanal no *Jornal do Brasil* em 1967, Clarice Lispector tomou uma decisão tanto ética quanto literária: ela não queria frear ou *reter* ne-

---

[1] N. T.: Todas as citações de Clarice Lispector provêm da edição *Todas as crônicas*. Organização e posfácio de Pedro Karp Vasquez. 1. ed. Rio de Janeiro: Rocco, 2018. Doravante indicaremos no corpo do texto apenas o número das páginas citadas.

nhum dos seus movimentos de afetos, desde que fossem algo mais do que simples movimentos de humor. Clarice Lispector não tinha nem se continha: ela semeava, se disseminava por toda parte para *oferecer* nesses textos, semana após semana, a emoção dos seus pensamentos e seu pensamento das emoções.

Sem dúvida, há modos de buscar, literal e filosoficamente falando, uma *Crônica dos sentimentos*. A maneira de Alexander Kluge, por exemplo, se caracteriza por uma extensão prodigiosa: os "sentimentos" (*Gefühle*) se revelam como um material próprio da história. Eles enervam toda a política, toda a economia e mesmo a técnica. É por isso que o tópico da "crônica" (*Chronik*), segundo Kluge, é semelhante a uma cartografia borgeana como a uma montagem, também desmedida – e diabolicamente presa – de relatos históricos, reais *e* ficcionais, em perpétuos desdobramentos[2]. Não se verá nada dessa *extensão*, histórica e filosófica, nas *Crônicas* de Clarice Lispector. Há de fato coletânea, semeadura, mas não "coleta" no sentido entendido por Kluge. Tudo se desdobra em brotos, como galhos nascidos no mesmo caule ou raiz. Tudo nasce ali, em formas de escrita que muitas vezes são breves, em surtos de *intensidades*.

Nessas *Crônicas* existiria algo como uma *vertical da emoção*. Ela se levanta aqui e ali, quebrando a planura – mesmo a monotonia – das paixões tristes e da vida cotidiana, da forma como a própria Lispector permite imaginá-la a levantar-se, com raiva, da horizontalidade do seu sono. Em um belo texto sobre a potência reminiscente da palavra na psicanálise, Pierre Fédida tinha concebido a ideia, fascinante, de uma "verticalidade

---

[2] Kluge, Alexander. *Chronique des sentiments, livre I. Histoires de base*. Ed. e trad. dirigidas por V. Pauval. Paris: POL, 2016; Kluge, Alexander. *Id. Chronique des sentiments, livre II. Inquiétance du temps*. Ed. e trad. dirigidas por V. Pauval. Paris: POL, 2018.

do estrangeiro": "é preciso estar a postos para a *vertical do estrangeiro* – ruptura de plano, *por detrás* revertendo a paixão do tempo. O local do estrangeiro não é outra coisa senão o movimento desta vertical que gera na fala a memória da linguagem – o inconsciente: a coisa das palavras que elas concordam em nomear."[3] Fala-se bastante do inconsciente nessas *Crônicas*, em um modo que poderia ser descrito como autoanalítico, embora bem distante de qualquer sintaxe freudiana no sentido mais estrito. É indiscutível em todo caso que Clarice Lispector buscava a "coisa das palavras" através de certos "movimentos da vertical", por exemplo, quando ela imagina seu próprio coração rolar como "da altura de milhares de séculos [...] a primeira pedra de uma avalanche", ou, ainda, na mesma página, quando ela fala de um "medo muito vertical no tempo (*o medo era vertical demais no tempo*) para deixar vestígios na su-

---

[3] Fédida, Pierre. *Le site de l'étranger*: la situation psychanalytique. Paris: PUF, 1995. p. 66.

perfície [como era vertiginosa] a queda de todo meu futuro" (p. 39).

Que essas *Crônicas* sejam "autoanalíticas" significa, antes de tudo, que elas *não* são autobiográficas: "eu não quero contar a minha vida para ninguém: minha vida é rica em experiência e emoções vivas, mas não pretendo publicar uma autobiografia" (p. 406). No entanto, é realmente uma questão de contar o que dá a uma certa *vida emocional* a dignidade – literária, publicável – de um saber ou ainda de uma sabedoria: "quem sabe se um dia [...] saberei escrever ou um romance ou um conto no qual a intimidade mais recôndita de uma pessoa seja revelada sem que isso a deixe exposta, nua e sem pudor" (p. 80). É exatamente uma tal dialética que as *Crônicas* conseguem realizar: "quantos pulsos apanhados no fino ar. Os delicados fios suspensos na câmara da consciência. E no inconsciente a própria enorme aranha" (p. 224).

O movimento da vertical, seja ele ascendente ou de avalanche, vale a pena porque ele é, antes de tudo, movimento. É o que Clarice Lispector chama de seu "impulso" que "sempre vai": no que pode engajar uma "revolta infinitesimal" como um tumulto de todo o ser (p. 259-261). Um *desejar* tenaz, irredutível, que serve de base para um *escrever* de cada instante. Muitas vezes a autora insistirá: não há na sua escrita nada mais nada menos que uma respiração feita frase. O assombro que faz com que a pontuação singular dos seus textos seja bem respeitada pelo editor, e sobretudo não corrigida (p. 74), teria relação com o fato de que a primeira testemunha de nossas emoções não é outra, justamente, senão a nossa própria respiração? Assim, nossas frases respirariam por nós. Como a emoção, "a intuição está colada" às palavras, às frases de tudo o que se escreve (p. 212). E se "escrever é um modo de não mentir o sentimento", é porque escrever é uma respiração que escapa aos nossos próprios fingimentos. Mas Lispector acrescenta em seguida, para que não se acredite em uma simples busca de transcrição de sentimentos: "a transfiguração involuntária da imaginação é apenas um modo de chegar" (p. 247).

Estar – para estar de pé, movimentar-se, suportar – na vertical de suas emoções, portanto. Não fingir sobretudo quando se inventa. Escrever como se sangra: "eu não conseguia mais parar de escrever. Eu dava, dava e dava como sangue irrompe de uma veia seccionada" (p. 319). Essa imagem diz bastante, e precisamente isto: quando se sangra normalmente, se *perde* alguma coisa da sua vida e se é mais só do que nunca. A imagem da veia aberta poderia mesmo evocar um suicídio. Mas Lispector insiste, ao contrário: "Eu dava, dava e dava ainda". Escrever seria então *doar a sua solidão*, da sua vida interior em geral? Doação da sua solidão ao outro, mas também doação a si mesma de uma certa solidariedade das solidões que o gênero "crônica" – porque ele suscita a correspondência de leitores – faz com que se levante de modo exemplar (p. 273, 314-316)? Observando uma fotografia de Humberto Franceschi, Lispector escreve o seguinte: "é uma solidão que dá amplitude a quem a vê, aquela tão profunda que já não se chama solidão" (p. 313). Ou, ainda, escutando um canto flamenco, ela não esquecerá a espécie de contracanto – que ela chama de "canto ausente" – da audiência *aficionada* que "se concentra em fúria no próprio silêncio", de escuta e de cruzamento de suas próprias pontuações vocalizadas (p. 347).

*

A vertical é infinita. É um processo orgânico, não uma ideia abstrata. É um caule que continua a subir, uma raiz que não para de se aprofundar. Por que é infinita? Porque nossa caminhada solitária não tem descanso; e porque nossos movimentos solidários também não têm fim. Lispector busca doar sua solidão na própria medida em que ela busca compreender, tocar a dos outros. Ela envolve, portanto, algo que não tem nada a ver com um espaço para confissões pessoais: mais precisamente um *pensamento das emoções*, um saber não convencional – nem psicologia, nem sociologia – fundado sobre uma prática da escrita como uma forma de *mover o pensamento* (*émouvoir de la pensée*). Faz falar (*enuntiare*) a emoção fora de todo fechamento do *em-mim* (*en-moi*); faz tirar (*emovere*) o pensamento fora de toda certeza do *em-si* (*en-soi*). "Não fossem os caminhos da emoção a que leva o pensamento, pensar já teria sido catalogado como um dos modos de se divertir" (p. 12). É assim que "nem todo tipo de lucidez é frieza" e que, reciprocamente, toda emoção não seria reduzida a algum "nervosismo" de uma constituição psíquica rapidamente qualificada pela arrogância paternalista de "feminina" (p. 65 e 149).

É então, longe de toda reunião de confidências, um autêntico saber que se desdobra nessas *Crônicas*. Um saber, certamente, constantemente em atividade: exigindo uma distância, porém justa, nunca exagerada; buscando a proximidade, porém justa, sem nunca fazer violência à modéstia. Lispector fala então da "sensibilidade inteligente", uma expressão que permite evocar o célebre "coração inteligente", segundo Hannah Arendt: isto é, uma *virtude política* por excelência.[4] E isso é ainda mais verdadeiro quando as duas autoras tratam essa sensibilidade como um "dom", longe de toda postura construída (p. 115-116). Também se poderia pensar em Georges Bataille quando Clarice Lispector fala de uma lucidez inerente aos "estados de graça" (p. 93-95), às experiências interiores: lucidez que atinge – como a sua completude, como o seu limite intrínseco – o *não saber*.

"Sinto que sou muito mais completa quando não entendo [mas] quero que me deem isto: não a explicação, mas a compreensão. […] Eu sei de muito pouco. Mas tenho a meu favor tudo o que não sei e – por ser um campo virgem – está livre de preconceitos. Tudo o que eu não sei é a minha parte maior e melhor: é a minha largueza. É com ela que eu compreenderia tudo. Tudo o que eu

---

[4] Arendt, Hannah. *Compréhension et politique* (1953). Trad.: M.-I. B. de Launay. *La nature du totalitarisme*. Paris: Payot, 1990. p. 59.

não sei é que constitui a minha verdade" (p. 197, 242, 495-496).

Saber ou não saber? Os dois termos, nessa escrita, não se opõem mais. "Mesmo depois de saber de tudo, o mistério continuou intacto", afirma, por exemplo, Lispector (p. 125). Os dois termos não se opõem mais porque se vê respeitado – aproximado calmamente, como se faria com um tigre – esse *desejo inconsciente* de onde procede a "vertical das emoções". Acontece a Clarice Lispector, por exemplo, "começ(ar) uma pequena lista de sentimentos dos quais não sei o nome" (p. 13). Em seguida, ela opta por um gesto essencial de *humildade* – gesto ético, psíquico, epistêmico, literário – diante do que ela nomeará "o infinito". Mas isso é tanto saber quanto não saber. Isso é, do inconsciente: "humildade como técnica é o seguinte: só se aproximando com humildade da coisa é que ela não escapa totalmente. […] O belo do infinito é que não existe um adjetivo sequer que se possa usar para defini-lo. Ele é apenas isso: é. Nós nos ligamos ao infinito através do inconsciente. *Nosso inconsciente é infinito*" (p. 248 e 310).

A humildade segundo Lispector tem algo de místico. Às vezes se pensa ao ler essas *Crônicas* nos *Fioretti*, de Rossellini, ou ainda na inocência do desejo para Pasolini. Lispector, por exemplo, em 1970, consagra uma de suas crônicas às "Vantagens de ser bobo": "O bobo, por não se ocupar com ambições, tem tempo para ver, ouvir e tocar no mundo [...]. O bobo nunca parece ter tido vez. No entanto, muitas vezes o bobo é um Dostoiévski. [...] Mas, em contrapartida, a vantagem de ser bobo é ter boa-fé, não desconfiar, e portanto estar tranquilo. Enquanto o esperto não dorme à noite com medo de ser ludibriado – O esperto vence com úlcera no estômago. O bobo nem nota que venceu" (p. 324-325). No fim das contas, a humildade diante do infinito do desejo ou a ingenuidade diante dos labirintos da paranoia social, tudo isso realiza nas *Crônicas* uma forma de conhecimento que poderia ser nomeado de um *saber-questão*, isto é, um saber feito de questões direcionadas ao mundo, mas, também, de perguntas endereçadas a si mesmo.

Uma bela crônica de 1971 é intitulada "Sou uma pergunta". Ela se oferece à leitura como um poema infantil sobre a própria essência das coisas que nos ocorre sem que se compreenda bem o motivo (p. 432-435):

> Quem fez a primeira pergunta? […]
> Quem disse a primeira palavra?
> Quem chorou pela primeira vez? […]
> Por que se morre?
> Por que se ama?
> Por que se odeia?
> Quem fez a primeira cadeira?
> Por que se lava roupa?
> Por que se tem seios?
> Por que se tem leite?
> Por que há o som?
> Por que há o silêncio?
> Por que há o tempo? […]
> Por que acendi o cigarro? […]

Por que faço perguntas?
Por que não há respostas? […]
Por que um homem mata outro? […]
Por que adeus?
Por que até o próximo sábado?
Por quê?

*

A vertical sobe e a vertical desce. Se nasce, se perde tudo, se renasce e se morre. Clarice Lispector, em outubro de 1968, evoca então o "terror" de existir, de simplesmente nascer (p. 153). Em junho de 1969, em um texto admirável intitulado "A noite mais perigosa", ela descreverá a experiência ligada ao incêndio onde, em 1966, ela quase perdeu a vida (p. 231). Em 1972, associará seus questionamentos perpétuos ao que ela nomeia sua "angústia": "O que é a angústia? Na verdade minha tendência a indagar e a significar já é em si uma angústia" (p. 474). A angústia seria então, para começar, a do próprio movimento de pensar.

E então algo que enerva toda a vida, que concerne a cada uma das nossas experiências sensíveis. Por exemplo, a angústia tem um odor: "Quando o mal vem, o peito se torna estreito, e aquele reconhecível cheiro de poeira molhada naquela coisa que antes se chamava alma e agora não é chamada nada" (p. 171). É o odor de um espaço onde reina uma escuridão "quase palpável" (p. 557). O odor de um tempo em que reinam a ameaça e a ausência de esperança.

A vertical das emoções é um campo de tensões. Existem emoções incandescentes, mas também emoções péssimas, emoções fracassadas que se tornam, escreve Lispector, "não-verdade" (p. 43). Tudo está em jogo nessa vertical entre os movimentos que mascaram e os movimentos que desmascaram: "É que depois de anos de verdadeiro sucesso com a máscara, de repente – ah, menos que de repente, por causa de um olhar passageiro ou uma palavra ouvida – de repente a máscara de guerra de vida cresta-se toda no rosto como lama seca, e os pedaços irregulares caem com um ruído oco no chão. Eis o rosto agora nu, maduro, sensível quando já não era mais para ser. E ele chora em silêncio para não morrer" (p. 82). Compreende-se rápido, lendo essas *Crônicas*, que Clarice Lispector estava de fato oferecendo, por sua conta e risco, uma verdadeira *ética das emoções*. Isso é tão verdadeiro que alguém se emociona verdadeiramente diante do outro, ainda que esse outro esteja ausente.

Em uma crônica de maio de 1969, Lispector conta como ela vê um quadro – ou, mais provável, a reprodução dele – de Paul Klee. Mas o texto é intitulado de modo bem mais ético ou político que estético, "Medo da libertação": "Se eu me demorar demais olhando *Paysage aux oiseaux jaunes* (*Paisagem com pássaros amarelos*, de Klee), nunca mais poderei voltar atrás. Coragem e covardia são um jogo que se joga a cada instante. Assusta a visão talvez irremediável e que talvez seja a da liberdade. O hábito que temos de olhar através das grades da prisão, o conforto que traz segurar com as duas mãos as barras frias de ferro. A covardia nos mata. Pois há aqueles para os quais a prisão é a segurança, as barras um apoio para as mãos. Então reconheço que conheço poucos homens livres. Olho de novo a *paisagem* e de novo reconheço que covardia e liberdade estiveram em jogo. A burguesia total cai ao se olhar *Paysage aux oiseaux jaunes*, [quadro que] não pede sequer que se o entenda: esse grau é ainda mais liberdade: não ter medo de não ser compreendido. Olhando a extrema beleza dos pássaros amarelos calculo o que seria se eu perdesse totalmente o medo" (p. 229-230).

Olhar, se emocionar: em todo caso é se mover. É então, num momento, escolher uma direção. Gesto ético por excelência como o de decidir; não o de se emocionar ou não, mas de se envolver *na direção onde se emociona* e, de qual modo, diante do outro e de si mesmo. Assim, "há um tipo de choro bom e há outro ruim. O ruim é aquele em que as lágrimas correm sem parar e, no entanto, não dão alívio. Só esgotam e exaurem"... O que conta, na verdade, é "respeitar nossa fraqueza.

Então são lágrimas suaves, de uma tristeza legítima à qual temos direito" (p. 44).

As emoções em si não são nem boas nem más. Elas pertencem a todo mundo para o melhor e para o pior. O malvado também se emociona. O ódio é uma emoção como as outras, como o ressentimento e todas as "paixões tristes" das quais falava Spinoza. A questão central não concerne à natureza das emoções, mas à natureza de seus usos. É então necessário saber, a cada instante, *como nós nos emocionamos*. As respostas que trazem essas *Crônicas* equivalem a dizer o seguinte: sem ressentimento nos nossos sentimentos. E, sobretudo, *fazer emergir o sentir nos nossos sentimentos*, isto é, um certo modo de conhecer o mundo em torno de nós, em que não seremos mais o seu centro. Sem moral para as emoções, mas a exigência que cada uma delas seja uma aproximação, um sentir da própria "intranquilidade do mundo" (p. 392). Assim, a famosa *saudade*: "Saudade é um pouco como fome. Só passa quando se come a presença. Mas às vezes a saudade é tão profunda que a presença é pouco: quer-se absorver a outra pessoa toda. Essa vontade de um ser o outro para uma unificação inteira é um dos sentimentos mais urgentes que se tem na vida" (p. 110).

As emoções nos perturbam. Mas é preciso algo mais – um movimento vindo de longe – para perturbar um estado de coisa ou um êxtase do sujeito. É o que acontece com a "vertical do estrangeiro": alguma coisa de outro em nós mesmos, algo de mundos ou de tempos outros vindo a nós. Então nós o "comemos", nós o absorvemos e, de tal modo, que nós nos encontramos "devorados" pela própria coisa que tínhamos acolhido, ao que tínhamos aberto nossas portas. O fora passa para dentro; o dentro se torna o seu próprio fora. É talvez por isso que, em um determinado momento, a emoção será descrita por Clarice Lispector como um "terremoto": isso vem "do ventre mesmo, como de um longínquo estremecer de terra que mal se sabe ser o sinal do terremoto" (p. 169). É uma imagem, certamente. Mas o que ela indica poderia bem se situar no plano de uma certa *comoção* – uma emoção comum – que reuniria, no espaço de uma crise, o interior do mundo e o do sujeito, o ventre da terra inteira e o ventre de uma única mulher emocionada (pode-se notar, além disso, que Lispector escreveu essas linhas apenas alguns meses depois do lançamento do filme de Glauber Rocha, *Terra em transe*). Essa é uma visão morfogenética da perturbação em geral: como o mundo, o mundo inteiro ou aquele de uma única pessoa pode se encontrar transformado por uma comoção que o coloca, literalmente falando, de ponta-cabeça.

*

A vertical das comoções é um caminho muito arriscado. Escolhendo mover-se nele, mergulhar nele ou levantar-se nele, pode-se facilmente perder tudo. É um belo risco a ser assumido:
"a perda de tudo o que se possa perder e, ainda assim, *ser*. […] É só no pior de minha condição que

ela é assumida como meu destino. Existir exige de mim o grande sacrifício de não ter força, desisto, e eis que na mão fraca o mundo cabe. Desisto, e para a minha pobreza humana abre-se a única alegria que me é dado ter, a alegria humana. Sei e estremeço" (p. 594 e 597). Ao longo do caminho das nossas emoções, subindo e descendo, haverá então uma perda, tremor, dores possíveis. É o preço a ser pago por todo gesto verdadeiro, por todo movimento do ser: "Mas seria dor, ou era 'ir', 'ir para'? Pois o que é vivo vai para" (p. 22).

Ocorrerá, portanto, que, na vertical das emoções, não se pode fazer outra coisa senão gritar. Referindo-se às graves queimaduras em seu corpo causadas por um incêndio na sua casa em 1966, Clarice Lispector – em 1969 – escreverá uma breve crônica significativamente intitulada "A revolta": "quando tiraram os pontos de minha mão operada, por entre os dedos, gritei. Dei gritos de dor, e de cólera, pois a dor parece uma ofensa à nossa integridade física. Mas não fui tola. Aproveitei a dor e dei gritos pelo passado e pelo presente. Até pelo futuro gritei, meu Deus" (p. 224). O que quer dizer "gritar pelo futuro"? E o que há de "revolta" em tal gesto? Lispector dá a entender que teria muito o que pensar – e ainda a escrever – sobre o processo pelo qual alguém se dedica a *sair de uma dor* (p. 227): a se recompor na nossa vertical, emocionalmente, se preciso for. As *Crônicas* possuem várias descrições desses processos. Há, por exemplo, a "alegria voraz" que nos lembra o nosso inconsciente canibal (p. 266). Há o que as pessoas mais sérias chamam de "movimentos histéricos" e que, na realidade, "tendem a uma libertação" emocional perfeitamente legítima (p. 268). Há esse "pensamento iluminado" que nos chega sem previsão e nos retira imediatamente do "nevoeiro morno de sentimentos" corrompidos pelo hábito (p. 275). Ou ainda tudo o que se nomeia, de modo pejorativo, um "ato gratuito": "Muitas vezes o que me salvou foi improvisar um ato gratuito. Ato gratuito, se tem causas, são desconhecidas. E se tem consequências, são imprevisíveis. O ato gratuito é o oposto da luta pela vida e na vida. Ele é o oposto da nossa corrida pelo dinheiro, pelo trabalho, pelo amor, pelos prazeres, pelos táxis e ônibus, pela nossa vida diária enfim – que esta é toda paga, isto é, tem o seu preço. Uma tarde dessas, […] a sede estranha e profunda me apareceu. Eu precisava – precisava com urgência – de um ato de liberdade: do ato que é por si só. Um ato que manifestasse fora de mim o que eu secretamente era. E necessitava de um ato pelo qual eu não precisava *pagar*. Não digo pagar com dinheiro, mas sim, de um modo mais amplo, pagar o alto preço que custa viver" (p. 490).

Sair da dor envolve, ainda, dois movimentos complementares. O primeiro confere à dor uma forma que ela ainda não tinha: essa forma a situará sem destino, ela lhe dará sentido. Modo de não esquecer, nem de negar. Mas modo, igualmente, de contradizer por um movimento que Clarice Lispector segue nomeando, como acabamos de ler, "revolta", "alegria" ou "libertação". Desse duplo movimento, que dá todo um ritmo ao avanço das *Crônicas* – ou melhor, a toda a obra da autora

–, emerge algo simultaneamente simples e considerável, um gesto que poderia ser nomeado *dom de amor*. Esse mesmo gesto não é "dado", adquirido, assegurado – "sou inquieta, ciumenta, áspera, desesperançosa. Embora amor dentro de mim eu tenha. Só que não sei usar amor: às vezes parecem farpas" (p. 75). Como, então, dar tudo? "Dói. Dói muito ter um amor impotente. Continuo porém a esperar." "Sempre me restará amar [...]. Ao passo que amar eu posso até a hora de morrer. Amar não acaba. É como se o mundo estivesse à minha espera" (p. 99 e 105, respectivamente).

A dificuldade existencial sugerida por Clarice Lispector se encontra resumida no breve comentário de um psicanalista kleiniano; comentário que ela volta a citar na medida em que estima não ser traída nele: "Clarice dá tanto aos outros, e no entanto pede licença para existir" (p. 127). Então ela amará na obscuridade, na paciência, com medo (p. 204-205, 297-298, 320). Lembra-se ainda do "inferno da paixão" ou de seus amores--cóleras (p. 448-452). Em seguida, ela colocará a questão da relação entre amor e solidão: "o amor será dar de presente um ao outro a própria solidão? Por que é a coisa mais última que se pode dar de si" (p. 508)? Mas também não seria – escrito algumas linhas depois – "abrir as mãos e deixar escorrer sem avareza o vazio-pleno que se estava encarniçadamente prendendo" (p. 510)?

Eis então que nasce a "alegria verdadeira": "o prazer nascendo dói tanto no peito que se prefere sentir a habituada dor ao insólito prazer. A alegria verdadeira não tem explicação possível, não tem a possibilidade de ser compreendida – e se parece com o início de uma perdição irrecuperável. Esse fundir-se total é insuportavelmente bom – como se a morte fosse o nosso bem maior e final, só que não é a morte, é a vida incomensurável que chega a se parecer com a grandeza da morte. Deve-se deixar-se inundar pela alegria aos poucos – pois é a vida nascendo. E quem não tiver força, que antes cubra cada nervo com uma película protetora, com uma película de morte para poder tolerar a vida" (p. 170).

Parece evidente que Clarice Lispector não queria saber de tais "películas" protetoras. Aberta à alegria, ela também se abria à aflição. Ela conta em uma crônica de outubro de 1968 que, muito queimada sofrendo no hospital com dores atrozes, quando lhe recusaram qualquer alívio em morfina, ela recebeu este telefonema de uma conhecida: "E eu que pensei que você só pegava fogo nos outros! E não sabia que você também pegava fogo! Espero, ouviu? espero que arda bastante!" (p. 614)... E Lispector respondendo, incapaz de insultar a agressividade das frases: "Não se preocupe. Está ardendo bastante" (p. 614). O fogo, imagem da sua própria intensidade psíquica, da sua potente faculdade de desejar, retornava aqui com um poder de destruição, mais precisamente em elemento mítico de punição moral, o das chamas do Inferno onde mergulharam os concupiscentes.

Muito distante dessa polaridade moralizadora, Clarice Lispector assumiu, no entanto, o duplo destino das pulsões: Eros e Tânatos. Mas como lidar com elas na mesma vertical das emoções?

Ela imagina que lhe seria necessário conseguir "captar o regozijo infinitamente doce de morrer" (p. 25). Mesmo que signifique "esperar comendo com delicadeza e recato e avidez controlada cada mínima migalha de tudo [já que] quero tudo [e que] nada é bom demais para a minha morte que é a minha vida tão eterna que hoje mesmo ela já existe e já é" (p. 25).

No lugar de pensar sua morte como o fim de todo prazer, Lispector a imagina como "último prazer", o que é ainda outra coisa (p. 154). De modo que ela conseguia amar, amar de tal modo que ela poderia dizer a partir de então: "eu amo o Nada. A consciência de minha permanente queda me leva ao amor do Nada. E desta queda é que começo a fazer minha vida. Com pedras ruins levanto o horror, e com horror eu amo" (p. 155).

*

Nos jardins do Parque Lage, no Rio de Janeiro – e ainda em outros lugares do Brasil, evidentemente

–, as videiras crescem muito alto e as raízes se estendem muito baixo. O movimento geral é vertical, sem dúvida: entre terra e céu. Mas essa vertical aqui se revela não sendo nunca em linha reta. É precisamente um emaranhado de ramificações e extensões imprevisíveis: como a própria vida. Em certos momentos, a vertical produz uma miríade de lados, de ângulos diferentes, até de segmentos provisórios que formam um fragmento horizontal. Como a vertical das emoções revela uma poética do inconsciente – ou, ligada a esta, de uma certa prática da escrita –, as contradições lógicas a explodem como balões de gás. Nesse espaço vem o que Theodor Adorno nomeou, um dia, uma *dialética herética*, "mais dialética que a dialética", expressa em uma escrita que, pela sua "afinidade com a imagem", abriria o campo de uma arte da "desobediência das regras ortodoxas do pensamento".[5]

---

[5] Adorno, Theodor W. *L'essai comme forme* [1954-1958]. Trad.: S. Muller. *Notes sur la littérature*. Paris: Flammarion, 1984 (ed. 2009). p. 23, 27 et 29.

É preciso lembrar, além disso, que a própria noção de "vertical do estrangeiro", proposta por Pierre Fédida, tinha sua fonte na atenção dada por um dos mestres, Ludwig Binswanger, aos *afetos* como a seus *movimentos* e a suas *imagens*. O que Fédida nomearia espaço "não tematizável" ou "não semantizável" de toda palavra sofrida, de todo sintoma, de todo gesto *patético*: "Binswanger desvela o não-temático no próprio centro da linguagem e das 'imagens' que ele cria: as 'direções de significação' (*Bedeutungsrichtungen*) estão presentes nas próprias expressões muito antes de assumirem um conteúdo semântico específico para nosso entendimento. O exemplo inaugural de *Sonho e existência* fornece aqui a ilustração exemplar: 'Eu estava então como atingido por um raio' ('J'étais alors comme frappé de la foudre') ou 'como caído das nuvens' ('comme tombé des nues'). As direções de significação – o voo, a queda, a ação de flutuar ou de afundar etc. – são, portanto, entendidas como conteúdos tímicos ou páticos da presença, ou se desvelam como as determinações estilísticas (o como) do *ser-aí* (*être-là*). Nessa última expressão, vê-se que o que mais conta é a modalidade desse 'hífen', dessa indicação da relação."[6]

Sem ter invocado os arcanos de uma metafísica do *Dasein* – onde Clarice Lispector teria, sem dúvida, se recusado a penetrar –, a simples observação de Fédida sobre o *hífen* parecerá bem preciosa. Fez-se de Clarice Lispector uma figura importante do feminismo e isso é bastante legítimo[7]. Mas sua posição sempre "mais dialética que a dialética" nos adverte que é preciso constantemente subverter as oposições essencializadas, as guerras entre gêneros (do ser ou do sexo). Sua prática, assim como seu pensamento – e, então,

---

[6] Fédida, Pierre. Binswanger et l'impossibilité de conclure, prefácio a Ludwig Binswanger. *Analyse existentielle, psychiatrie clinique et psychanalyse. Discours, parcours et Freud*. Trad.: R. Lewinter. Paris: Gallimard, 1970. p. 32.

[7] Setti, Nadia; Besse, Maria Graciete (dir.). *Clarice Lispector*: une pensée en écriture pour notre temps. Études. Paris: L'Harmattan, 2013.

sua política – foram essas, justamente, do hífen: esta pequena liana, esse pedaço de raiz que põe o céu e a terra em diálogo, por mais diferentes ou afastados que estejam. Em cada momento o *ser-aí* (*être-là*), se quisermos ouvir bem a indicação de Pierre Fédida, mantém e vale apenas pelo hífen que nos faz *ser* na situação, espacial e temporal, de um *aí* sempre diferente, sempre perturbador.

Evocando uma entrevista dada em 1967, Lispector assume uma posição que parece ser, hoje, estranha para muitos: "Cristina me perguntou se eu era de esquerda. Respondi que desejaria para o Brasil um regime socialista. […] Perguntou-me se eu me considerava uma escritora brasileira ou simplesmente uma escritora. Respondi que, em primeiro lugar, por mais feminina que fosse a mulher, esta não era uma escritora, e sim um escritor. Escritor não tem sexo, ou melhor, tem os dois" (p. 60). Depois ela se exprime nestes termos: "Uma vez me ofereceram fazer uma crônica […] para as mulheres e a estas dirigida. […]: como se a mulher fizesse parte de uma comunidade fechada à parte, e de certo modo segregada" (p. 305).

Escrever seria, ainda, dar corpo aos hifens entre as coisas ou os seres que parecem se separar, que se confrontam ou que se agitam em todos os sentidos em torno da "vertical do estrangeiro"? Não se trata evidentemente de reunir tudo em uma mesma entidade reconciliadora inexistente. Mas de fazer com que emerjam *passagens* tanto quanto segmentos de uma micropolítica do reconhecimento do outro.

As mulheres e os homens? Sem dúvida eles se machucam e, de certo modo – afirma Lispector –, eles amam isso: "O homem é nosso inimigo? É. O homem é nosso rival estimulante? É. O homem é nosso igual e ao mesmo tempo inteiramente diferente? É. [...] O homem é a pessoa com quem temos o diálogo mais importante? É. O homem é um chato? Também. [...] E, sendo um ponto nevrálgico, como o homem nos dói. E como a mulher dói no homem" (p. 18-19).

Entende-se que os hifens, se eles não ocupam expedientes superficiais, não trazem, de fato, repouso para ninguém. Em certo momento de suas *Crônicas*, por exemplo, Clarice Lispector confia seu "desejo de chorar suavemente" à mera "visão de um homem bonito" que ela não deseja, entretanto, "para si" (p. 286). Em outros momentos surpreende no seu texto a necessidade de gestos recíprocos: uma mulher, escreve ela, deveria poder "cair de joelhos diante do primeiro que por amor diga: teu medo" (p. 15); mas um homem deveria também compreender "que precisa se ajoelhar diante da mulher"... E Lispector especifica: "é bom porque a cabeça do homem fica perto dos joelhos da mulher e perto de suas mãos, no seu colo, que é a sua parte mais quente" (p. 509).

Traçar hifens seria tentar uma reciprocidade onde reina a diferença e até mesmo a dissimetria. No entanto, Clarice Lispector não tem medo de afirmar que, em todo caso, a dissimetria já está em ação em nós. Exemplo: sempre é no olho esquerdo que ela tem um problema, como esse grão de poeira que a irrita recentemente. "Por que sempre o olho esquerdo?", pergunta ela ao oftalmologista. "É simples coincidência? Ele responde que não; que, por mais normal que seja uma vista, um dos olhos vê mais que o outro e por isso é mais sensível. Chamou-o de 'olho diretor'. E, por ser mais sensível, disse ele, prende o corpo estranho, não o expulsa. Quer dizer que o melhor olho é aquele que mais sofre. É a um só tempo mais poderoso e mais frágil, atrai problemas que, longe de serem imaginários, não poderiam ser mais reais que a dor insuportável de um cisco ferindo e arranhando uma das partes mais delicadas do corpo. Fiquei pensativa. Será que é só com os olhos que isso acontece?" (p. 31-32).

Por que então traçar hifens? Porque o mundo da linguagem, da sociedade, é um mundo onde a separação reina. Seria uma das tarefas da escrita a de mobilizar a linguagem até fazê-la derivar ou virar para novas "direções de significação", e isso tendo em vista contestar o reino da separação, que é o das coisas no seu lugar, das hierarquias, das direções imutáveis e de tudo o que, em geral, não quer mudar de forma. Eis porque as *Crônicas* de Lispector são plenas dessas coisas emocionalmente postas em contato na íntima "vertical do estrangeiro". Como nessa breve narrativa na qual a autora decreta a morte de uma grande parte da sua infância no espasmo... de um parto: "Um domingo de tarde sozinha em casa dobrei-me em dois para a frente – como em dores de parto – e vi que a menina em mim estava morrendo. Nunca esquecerei esse domingo. Para cicatrizar levou dias. E eis-me aqui. Dura, silenciosa e heroica. Sem menina dentro de mim" (p. 447).

Traçam-se hifens, mas nada impede, infelizmente, que as histórias dolorosas se repitam, onde almas e corpos se agitam. Por exemplo, as histórias de aborto (p. 348-349). Histórias em que o informe ameaça e a não separação torna-se perigosamente magmática ou, mesmo, placentária: é onde a matéria viva se encontra mais perto da morte e mais longe do antropomorfismo. Assim, em maio de 1971, Clarice Lispector conta que, ao abrir a porta da geladeira – em uma casa que não era a sua –, uma amiga se estarrece diante da proibida… "coisa": "a coisa era branca, muito branca. E, sem cabeça, arfava. Como um pulmão. Assim: para baixo, para cima, para baixo, para cima. [A mulher] perto ficou, de coração batendo. Depois veio a saber do que se tratava. O dono da casa era perito em caça submarina. E pescara uma tartaruga. E lhe tirara o casco. E lhe cortara a cabeça. E pusera a coisa na geladeira para no dia seguinte cozinhá-la e comê-la. Mas enquanto não era cozida, ela, sem cabeça, nua arfava" (p. 404-405).

Em janeiro de 1972, Lispector conta um dos seus longos sonhos angustiantes: "Este sonho foi de uma assombração triste. Começa como pelo meio. Havia uma geleia que estava viva. Quais eram os sentimentos da geleia. O silêncio. Viva e silenciosa, a geleia arrastava-se com dificuldade pela mesa, descendo, subindo, vagarosa, sem se esparramar. Quem pegava nela? Ninguém tinha coragem. Quando a olhei, nela vi espelhado meu próprio rosto mexendo-se lento na sua vida.

Minha deformação essencial. Deformada sem me derramar. Também eu apenas viva. Lançada no horror, quis fugir da minha semelhante – da geleia primária – e fui ao terraço, pronta a me lançar daquele meu último andar. Era noite fechada, e isso eu via do terraço, e eu estava tão perdida de medo que o fim se aproximava: tudo o que é forte demais parece estar perto de um fim. Mas antes de saltar do terraço, eu resolvia pintar os lábios. Pareceu-me que o batom estava curiosamente mole. Percebi então: o batom também era de geleia viva. E ali estava eu no terraço escuro com a boca úmida da coisa viva" (p. 479-480).

Traçam-se hifens para que o *ser* se oriente e se constitua em relação ao seu *aí*. Mas na perspectiva psíquica e literária aberta por Clarice Lispector – uma perspectiva também legítima como aquela de toda construção filosófica –, o *ser* é sempre em processo de se espalhar no informe, e o *aí* sempre na instância de se dissolver no ar, na água, na terra. Em Lispector, então, o *ser-aí* se dispensa, se desdobra em efluentes incontroláveis. Efluentes que representam o sutil hífen entre o impalpável das almas e a matéria dos corpos, entre a intimidade de uma pessoa e o olhar da outra. Essas poderiam ser as cores com que tudo, cada atmosfera se orna, determinando a *Stimmung* – o espaço destes "conteúdos tímicos ou páticos da presença" que Fédida invocava a partir de Binswanger – de uma dada situação. Isso será, mais precisamente em Lispector, os perfumes que ela amava sentir ou que ela percebia diante do oceano, diante da mínima flor.

"A terra é perfumada. E eu me perfumo para intensificar o que sou. [...] Perfumar-se é uma sabedoria instintiva. E como toda arte, exige algum conhecimento de si própria" (p. 140). O perfume, então: hífen que não é um traço, mas um vapor que faz com que a intimidade de um sujeito se toque, de um "ser", e a imensidade de um mundo, de um "aí". Mas esse vapor ou atmosfera brinca, naturalmente, com toda fronteira, com todo lugar designado e, ainda mais, com todo confronto de lugares, de sujeitos, de sexos etc. Por exemplo, "o mar é o nosso berço materno, mas que seu cheiro seja todo masculino [...]. Talvez se trate da fusão perfeita do masculino com o feminino. Às seis horas da manhã as espumas são mais brancas" (p. 553).

O perfume brinca nas separações, nas divisórias. Ele vai até brincar com as medidas do tempo? Não seria, no extremo, esse *perfume de vida que sobrevive à morte*? Clarice Lispector, no outono de 1969, recebe de uma amiga um buquê de prímulas: "Essa planta, que aparentemente nada tem de singular, é dona do segredo da natureza. Quando se aproxima a primavera, suas folhas morrem e em lugar delas nascem várias flores fechadas. A cor é roxo-violeta e branco, e mesmo fechadas têm um perfume feminino e masculino que é extremamente estonteador" (p. 249).

Um ano antes, ela tinha descoberto a mesma virtude nas rosas silvestres: "as rosas silvestres têm um mistério dos mais estranhos e delicados: à medida que vão envelhecendo vão perfumando mais. Quando estão à morte, já amarelando, o perfume fica forte e adocicado, e lembra as perfumadas noites de lua de Recife. Quando finalmente morrem, quando estão mortas, mortas – aí então, como uma flor renascida no berço da terra, é que o perfume que exala delas me embriaga. Estão mortas, feias, em vez de brancas ficaram amarronzadas. Mas como jogá-las fora se, mortas, elas têm a alma viva? [...] Era assim que eu queria morrer: perfumando de amor. Morta e exalando a alma viva" (109-110). Cair, mas se levantar ainda, pelo menos exalando um perfume: tal seria o poder vertical das imagens movidas pelas emoções.

POSFÁCIO

A emoção segundo G.(D-)H.

Eduardo Jorge de Oliveira*

* **Eduardo Jorge de Oliveira** é professor assistente de Estudos Brasileiros (Literatura, Cultura, Media) no Instituto de Romanística da Universidade de Zurique – UZH. É membro do Centro da América Latina (LZZ) e do Centro de Artes e de Teoria da Cultura, da mesma universidade. É autor de *A invenção de uma pele: Nuno Ramos em obras* (Iluminuras, 2018) e *Signo, sigilo: Mira Schendel e a vivência da escrita imediata* (Lumme Editor, 2019). Pela Relicário, é autor de *Como se fosse a casa: uma correspondência* (com Ana Martins Marques, 2017), tradutor de *As desordens da biblioteca* (de Muriel Pic, 2015), *Musica Ficta* (de Philippe Lacoue-Labarthe, 2016), *As máquinas celibatárias* (de Michel Carrouges, 2019), *O espaço das palavras: de Mallarmé a Broodthaers* (Relicário, 2020), *A vertical das emoções: as crônicas de Clarice Lispector* (Georges Didi-Huberman, 2021) e coordenador da Coleção Peles Inventadas.

O título deste posfácio busca combinar duas sensibilidades, a de Clarice Lispector e a de Georges Didi-Huberman, que ocorre a partir do romance *A paixão segundo G.H.* O gesto de acrescentar, portanto, a letra *D* seguida de um hífen torna-se uma operação crítica que se aproxima da leitura das *Crônicas* de Clarice Lispector feita por Didi-Huberman, que, por sua vez, identifica na "verticalidade do estrangeiro", de Pierre Fédida, uma ruptura de plano vinda da própria palavra e que ecoa nos "movimentos da vertical" das crônicas em questão. Tal leitura suscita questões amplamente levantadas por Didi-Huberman, sendo brevemente enumeradas: o "eu", "não-eu" e uma relação da escrita que ocorre a partir do *fora*, daquilo que ele chamará de "hors-je"; as suas leituras do "sintoma" ao longo das mais diversas obras, sobretudo em *A imagem sobrevivente*, de 2002; o caráter de sublevação das emoções, seus levantes, e das redes de abertura das emoções, isto é, o fato de que uma emoção nunca existe isolada.

A vertical das emoções teve como ponto de partida uma recensão da edição francesa que reúne todas as *crônicas* de Lispector, publicada em 2019 pela editora *Des Femmes* – Antoinette Fouque. A edição original foi publicada no Brasil em 2018, pela Rocco, com organização e posfácio de Pedro Karp Vasquez, muito embora *A descoberta do mundo* tenha sido publicada em meados dos anos 1980. A partir desse fato, Didi-Huberman foi convidado para uma conferência no Departamento de Romanística da Universidade de Zurique, a partir da cátedra de estudos brasileiros, mais precisamente no contexto de um projeto com o qual autores brasileiros são lidos *fora* dos quadros da literatura nacional.

Clarice Lispector e as emoções

Na obra de Clarice Lispector (1920–1977) as emoções apresentam uma abertura que as afasta das molduras, e nem mesmo no texto encontram uma forma fixa. Em "Ficção ou não", por exemplo, um texto em que a própria autora escreve sobre *A paixão segundo G.H.*, lê-se o seguinte: "Prefiro, no entanto, escrever com o mínimo de truques. Para minhas leituras prefiro o atraente, pois me cansa menos, exige menos de mim como leitora, pede pouco de mim como participação íntima" (2018, p. 274), ao que acrescenta: "e todos os pensamentos e emoções estão ligados a personagens que no livro em questão pensam e se comovem" (2018, p. 274-275). Há uma corrente sintática que não desconecta as emoções do pensamento, independentemente se a forma é romance, conto ou crônica, afinal, Clarice Lispector também brinca de pensar, ela é dotada do *animus brincandi* (2018, p. 12-13).

Sua escrita parece manter a tinta fresca das palavras, conferindo-lhes um sopro, uma energia vital que circula naquilo que ela soube proteger sob a forma de mistério. Georges Didi-Huberman, por sua vez, interessado no movimento das emoções, encontrou nas crônicas de Lispector uma vertical que não é estranha a quem, em 1964, no mesmo ano em que publicou *A paixão segundo G.H.*, reuniu um volume de contos e de crônicas cujo título é *A legião estrangeira*. Justamente no conto que dá título ao livro lê-se: "Mas sentimentos são água de um instante. Em breve – como a mesma água já é outra quando o sol a deixa muito leve, e já outra quando se enerva tentando morder uma pedra, e outra ainda no pé que mergulha – em breve já não tínhamos no rosto apenas aura e iluminação" (1964, p. 107).

Aura e *iluminação* não são apenas dois termos caros a Walter Benjamin, como são também importantes para o pensamento de Georges Didi-Huberman naquilo em que elas alteram o estatuto estável do "eu", sobretudo em termos de uma totalidade do sujeito. A partir de um fluxo aquoso dos sentimentos ou das emoções em Clarice Lispector, pode-se vislumbrar que o próprio Georges Didi-Huberman, em 2013, no ensaio *Que emoção! Que emoção?*[1], desmonta a palavra *emoção* para logo em seguida remontá-la quando ele se pergunta se uma emoção não seria uma "e-moção, isto é, uma *moção*, um movimento, que consiste a nos colocar para fora de (é-, *ex*), fora de nós mesmos?" (2013, p. 30-31). Trata-se de um outro fluxo, distinto e suplementar ao de Clarice Lispector, completamente embebido de um saber imaginário e fenomenológico, cuja imprevisibilidade são também transformações daqueles e daquelas que estão emocionados. Daí

---

[1] A coleção Les Petites Conférences (Pequenas Conferências ou Conferenciazinhas) foi concebida por Gilbert Tsaï. O ponto de partida foi a iniciativa de Walter Benjamin, que, entre 1929 e 1932, redigiu para a rádio alemã uma série de programas cujo título geral é *Lumières pour enfants*. O texto de Benjamin em questão foi editado no Brasil em 2015 sob o título *A hora das crianças: narrativas radiofônicas de Walter Benjamin*, com tradução de Aldo Medeiros.

emerge também a possibilidade de levantes, de transformações no âmbito coletivo que ultrapassam a pequenez de "eus" individuais, ainda que nem todas as transformações sejam coordenadas e unificadas.

*

Ler Clarice Lispector desperta as mais diversas emoções, das mais específicas às mais ambivalentes; há um labirinto no qual é possível se orientar, frase a frase, sem dificuldade, mas que para isso solicita certa habilidade. Ainda em *A paixão segundo G.H.*, há um parágrafo que expõe a dimensão de um labirinto das emoções:

> O medo grande me aprofundava toda. Voltada para dentro de mim, como um cego ausculta a própria atenção, pela primeira vez eu me sentia toda incumbida por um instinto. E estremeci de extremo gozo como se enfim eu estivesse atentando à grandeza de um instinto que era ruim, total

> e infinitamente doce – como se enfim eu experimentasse, e em mim mesma, uma grandeza maior do que eu. Eu me embriagava pela primeira vez de um ódio tão límpido como de uma fonte, eu me embriagava com o desejo, justificado ou não, de matar (1964, p. 52-53).

O uso afiado do "eu", as passagens de uma emoção a outra – indo do medo ao desejo de matar – apresentam o desenvolvimento de uma escuta atenta às pulsações da vida na sua rede de instabilidades e de mudanças. As emoções são transportadas literalmente no fio das frases, no correr da máquina, na busca do outro, no desafio aos analistas, nas palavras de uma amiga ou mesmo em um suéter, para recuperar aqui o fio de algumas crônicas; e eis uma arte da qual Clarice Lispector não abdicou ao longo de sua escrita: o seu *eu* exposto não é propriamente o trânsito de um *eu* biográfico ou autobiográfico, mas é da ordem do que Georges Didi-Huberman, a partir da própria escrita, vai chamar de experiência interior. É sobre esse "eu" – o *eu* da escrita, o *eu* do *punctum*, o *eu* em ebulição que sai de si a ponto de ser "não-eu", que é uma questão importante para Georges Didi-Huberman.

Devires, experiências interiores do *eu* e do *não-eu*

"O devir de cada um está no som do seu nome"[2] (*Um falcão no punho*, 1998 [1985], p. 133). A fra-

---

[2] O parágrafo que antecede a frase – decisiva – de Llansol é de uma sensibilidade sonora estarrecedora: "Tendo eu vivido ainda agora meio século, não vejo como a narrativa poderia competir com as palavras que são testemunhos antiquíssimos e implacáveis do devir humano. A maior parte dos movimentos internos de uma palavra são silenciosos. Mas alguns deles são sonoros, e destes só uma ínfima parte são vozes. É a estas que me habituei a ser sensível, me treinei a escutar, são estas que eu sigo e, por esse guia, entro nelas. Reconheço que essa é a parte mais cintilante, a candeia que não se deve esconder na arca dos movimentos silenciosos" (1998 [1985], p. 133).

se de Maria Gabriela Llansol[3] interpela o começo de *Pour commencer encore* (2019), de Georges Didi-Huberman. Trata-se de um livro a duas vozes, um diálogo com Philippe Roux no qual o "eu" ocupa o coração da escrita. Nesse aspecto, o nome do autor, Georges, traz um desafio fundamental, pois, na homofonia da língua francesa, "Georges" traz o devir do som "Je hors-je", isto é, um compasso entre *eu* e *não-eu*, um "eu" fora de si, ou melhor, um "Eu não-eu", que desestabiliza o quadro clássico da unidade do sujeito, que não abdica do seu "vir a ser" a partir da certeza de um "eu". Em um trecho da conversa com Roux, Didi-Huberman afirma que:

---

[3] É neste mesmo livro que ela escreve algo que é propício para uma leitura entre Clarice Lispector e Georges Didi-Huberman: "Não há literatura. Quando se escreve só importa saber em que real se entra, e se há técnica adequada para abrir caminho a outros" (1998 [1985], p. 55). Por intermédio das "experiências interiores", em Lispector e Didi-Huberman, há uma generosidade que vem da própria escrita que pode ser considerada em termos de abertura de caminho a outros.

> não se escreve, imagina ou pensa com o próprio *eu*. É, porém, um *eu* que assume os riscos e as decisões, que recebe as repreensões ou as aprovações [...]. Não posso fazer nada sem meu *eu*, mas se apenas ouvi-lo – se eu lhe delego toda a autoridade – minha escrita, minha imaginação ou meu pensamento logo se tornarão apenas autopromoções e *selfies* sem interesse (2019, p. 11).

Ao que, depois, continua: "Nós escrevemos, imaginamos, pensamos apenas no jogo do eu e do *não*-eu" ("le jeu du je et du *hors*-je", 2019, p. 11). Didi-Huberman reconhece que a instância de um "não-eu" vem de outros lugares, que pode ser muito bem um arquivo, a atividade de pesquisa, cujo exemplo pode estar até mesmo nas notas de rodapé que atestam um *não*-eu, um fora do texto que compõe com o texto. Sua obra não oculta tais tensões no fio das páginas. Um exemplo é a nota final do livro *Désirer désobéir* (*Desejar desobedecer*), na qual ele escreve:

> A bibliografia desse livro parecerá profusa. Ela é, todavia, em relação ao assunto, bastante incompleta e ligada ao movimento sempre um pouco imprevisto – e que continuará, com sua fatal disseminação – da pesquisa. Isto não deve ser visto como uma busca de exaustividade ou de sistematização. Cronologicamente, ela é concluída com o final da escrita deste ensaio. Teria então que ser constantemente repetida: como os próprios levantes, o pensamento que os interroga recomeça incessantemente (2019, p. 536).

Isto é, a forma-livro, a forma-pesquisa, enfim, a escrita acompanha o ritmo das emoções, pois justamente elas se transformarão em pensamentos e ações, configurando ainda formas do desejo. Com a vertical das emoções em Clarice Lispector acontece algo dessa ordem. Na realidade, Didi-Huberman adianta movimentos que estão por vir em relação a um projeto mais amplo sobre as emoções. É nessa própria vertical que é observado, por exemplo, o coração de Clarice Lispector, a "rolar da altura de milhares de séculos". As emoções juntam – no geral e no detalhe – gestos que não são unicamente nossos, mas que dispõem de uma qualidade de afeto que nos atravessa e às vezes nos conduz. Há uma compreensão de que não se escreve tão somente a partir do próprio *eu*, mas que aquilo que é da ordem da intimidade também vem de fora: "Portanto, é com a intrusão do exterior que se deve escrever as próprias experiências interiores" (2019, p. 13).

James Joyce e Clarice Lispector: emoções em sintonia com sintomas

A experiência interior, termo caro a Georges Bataille, se desdobra como um convite para visitar e revisitar obras de Georges Didi-Huberman, como é o caso de *O que vemos, o que nos olha* e *A imagem sobrevivente*. Do primeiro livro, recupera-se "a inelutável cisão do ver" que vem de uma sensibilidade literária como a de James Joyce. Dele, o aspecto do "não-eu", ou das emoções que nos ultrapassam, migra para uma reflexão sobre o olhar, pois dela emerge uma "cisão que separa dentro de nós o que vemos daquilo que nos olha" (1998 [1992], p. 29). Tal cisão é de tal modo física, que pode ser considerada, em termos de travessia, "algo que passa através dos olhos como uma mão passaria através de uma grade (1998 [1992], p. 29). Tal aspecto é igualmente físico no âmbito das emoções, na sua dinâmica do "eu" e do "não-eu", no sentido de *hors-je*. Se relacionada a tal ato de ver, o compasso do "eu não-eu" se aproxima de "uma operação do sujeito, portanto, uma operação fendida, inquieta, agitada, aberta (1998 [1992], p. 77).

A imagem de James Joyce da abertura de *Ulysses* transita em *O que vemos, o que nos olha* e, talvez se possa afirmar, vagabundeia pelo livro de Didi-Huberman, no sentido de uma experiência interior processual e posta em circulação pelo autor em relação aos desafios da escrita entre o eu e o não-eu, ou, no melhor dos casos, de uma escrita com o "eu fora de si". Essa talvez seja uma contribuição aos estudos literários que pode ser lida a partir da obra de Georges Didi-Huberman, a saber, a abertura que existe nas palpitações do próprio eu, da exterioridade das experiências interiores e, seguramente, dos movimentos dos sintomas. Pode-se notar uma arte do deslocamento, como foi notado no limiar de uma "abertura que ele carrega dentro de si, a *ferida aberta de seu coração*" (1998 [1992], p. 232), como consta na citação de Joyce. Georges Didi-Huberman se vale da literatura em análises abertas ao que será continuamente explorado em outras obras: o sintoma. Se os sintomas podem ser identificados na dinâmica do *eu* e do *não-eu*, existe uma leitura da vertical das emoções – embora lá não esteja assim formulada – ali onde "a forma plana se abre ou se escava" (1998 [1992], p. 150). É em *O que vemos, o que nos olha* que Didi-Huberman identifica a noção de "sintoma", não em Aby Warburg, mas em Walter Benjamin, quando lê detalhadamente o aspecto da "aura", sobretudo nas páginas 151 e 157, quando é ressaltado o valor de sintoma da aura, com uma significação que "ultrapassa o domínio da arte" (Walter Benjamin *apud* Didi-Huberman, 1998 [1992], p. 151), e que tal valor do sintoma "terá toda a epifania" (1998 [1992], p. 157), mas que neste caso será configurado em termos de "imanência visual". No caso específico da epifania, chave pela qual Clarice Lispector tem sua obra lida pela crítica, cabem duas observações: a primeira delas, diretamente ligada ao ensaio de Didi-Huberman, não possui nenhum desdobramento em relação à epifania, mas, no contexto específico, a referência a Walter Benjamin se refere a uma memória histórica à qual está ligada a experiência da aura em *O que vemos, o que nos olha*. Nesse texto, o sintoma tem uma aparição que se prepara para uma verticalidade que é uma *imanência visual* que ultrapassa a própria arte. Em termos literários, os textos de Clarice Lispector vão em tal direção. O segundo ponto é que caberia uma referência ao ensaio de João Camillo Penna, "O nu de Clarice Lispector", de 2010, no qual ele reavalia o estatuto da epifania na obra da autora. Segundo Penna, "Tudo o que se convencionou chamar de 'epifanias' no primeiro romance são desdobramentos de uma única experiência: a revelação da unicidade das coisas" (2010, p. 75). As emoções, nesse sentido, tanto participam da imanência visual quanto da memória histórica. Elas estão em movimento no emaranhado único que é o mundo, sobretudo para Clarice Lispector.

Com a dimensão móvel da visão e das emoções, a leitura dos sintomas demanda uma atenção aos desvelamentos, deslocamentos, desvios e retornos (2002, p. 303-312). Esse será o passo dado por Didi-Huberman em *A imagem sobrevivente: história da arte e tempo dos fantasmas segundo Aby Warburg*. É nesta obra que existe uma observação mais precisa e desenvolvida sobre tais movimentos do sintoma, pois, se um sintoma se vela, é porque ele se metamorfoseia, e sua metamorfose ocorre porque ele se desloca (2002, p. 303). Velar-se não implica que um sintoma – ou uma emoção – fique escondido, pois dele ou dela pode muito bem surgir uma imanência visual que se mantém temporariamente em termos de *figura*, relembra Didi-Huberman, ou de texto, se tal aspecto for lido em Clarice Lispector. Sob essa perspectiva, textos e imagens solicitam um olhar crítico daquelas e daqueles que se põem a observar tais movimentos, algo da ordem de uma dimensão heurística que é, inclusive, um modo de vagabundear nestas zonas de imagens e de textos, de arquivos e de museus, de livros e de bibliotecas, a ponto que tais lugares pouco a pouco fazem com que os próprios campos se tornem *campos de batalha*.

Para retornar ao breve ensaio sobre as emoções, pode-se simplesmente entender os campos em questão a partir dos modos de não estar de acordo, de se interrogar, de buscar informações e comparar as distintas leituras para, enfim, tomar posição (*Que emoção! Que emoção?*, 2013, p. 20). Um método se esboça diante do modo pelo qual Didi-Huberman expõe a questão das emoções.

Emoções e redes de aberturas

É a partir das emoções que uma leitora ou um leitor podem vagabundear pelas obras de Georges Didi-Huberman, pois cada uma delas apresenta cruzamentos inesperados em termos de uma "rede de aberturas" (2002, p. 312), como ele nomeou o sintoma, pois são tais aberturas que permitem por sua vez uma verticalização das emoções. Didi-Huberman é autor de ensaios que podem ser lidos por desvios, pois cada texto faz parte de uma rede mais ampla, levando, por um lado, a filosofia e a história da arte aos limites e, por outro, sempre recobrando o compasso entre o "eu" e o "não-eu". Ensaio aqui tem o sentido de tentativa, de experiência (interior), de aberturas de veredas que se bifurcam no sentido borgiano do termo, sobretudo se a direção tomada for *Atlas. ¿Cómo llevar el mundo a cuestas?*, livro e catálogo publicado primeiramente em espanhol em 2010 a partir de uma exposição no Reina Sofía com curadoria do próprio Didi-

Huberman. Aproximando-o das emoções e de todo um saber alegre e sensível, o atlas, segundo Didi-Huberman, "inventa, em meio a tudo isso, zonas intersticiais de exploração, intervalos heurísticos [...]. E responde a uma teoria do conhecimento exposta ao perigo do sensível e a uma estética exposta ao perigo da disparidade" (2010, p. 15). É por essas sensibilidades dissidentes, cuja tensão mantém o próprio emaranhado das emoções, que se chega a uma conclusão simples, direta, em acordo com a diversidade de textos de Clarice Lispector: ler o mundo exige muito mais que a leitura dos livros; exige uma veiculação de coisas do mundo segundo suas relações íntimas e secretas (2010, p. 17). Isso não implica renunciar o gesto da leitura em todo o seu potencial do objeto livro, mas implica compor *com* o mundo. Didi-Huberman dá um passo para incluir Lispector em um atlas de emoções a que seus projetos futuros parecem conduzir suas leitoras e leitores. Sem unidade, esse atlas variável transita e vagabundeia pelo próprio mundo do qual ele faz parte. Mundo, aliás, incomum: em Clarice Lispector, *há a descoberta*, e, em Didi-Huberman, a dimensão questionadora de como levá-lo nas costas. De certo modo, a diferença se ampara no que Erwin Straus havia notado em *Du sens des sens*, cuja tradução bem poderia ser *O sentido dos sentidos*. O original, em alemão, é *Vom sinn der sinne*. Nesta obra pioneira, não obstante citada em *O que vemos, o que nos olha*, Straus escreve que "a relação do Eu com o mundo é única e que as formas de relação são múltiplas" (2000 [1935], p. 273). Essa breve observação produz movimentos singulares e comuns que permitem um jogo de continuidade e descontinuidade entre o "eu" e o "não-eu".

Dando sequência às leituras do movimento, talvez um desdobramento heurístico da experiência do atlas, a dimensão da vagabundagem surge em um ensaio publicado por Didi-Huberman em 2021 nos Cadernos do Museu Nacional de Arte Moderna, do Centro Georges Pompidou. "*Idas y Vueltas* ou a política da vagabundagem" é um ensaio que busca "reencontrar o amor da vagabundagem, sua virtude heurística" (2021, p. 10). E, com isso, há um retorno à Espanha, local onde não apenas a exposição foi mostrada pela primeira vez, como também publicou, sob a forma de catálogo: *Atlas. ¿Cómo llevar el mundo a cuestas?*. O flamenco, por exemplo, é lido na intensidade da sua forma, isto é, na condição de "uma estética da intensidade rítmica que faz com que as formas 'se movam' (*fait 'émouvoir'*) ou saltem para fora de si mesmas" (2021, p. 21). Mais uma vez, a dimensão do fora de si entra na malha das análises sobre o modo pelo qual, primeiramente, uma obra, seu ritmo, é composto com aquilo que está fora dela. Além disso, a partir de tais movimentos de idas e vindas, não seria surpreendente se quanto mais intenso for um contato com uma obra, também se abrir a possibilidade para sair de si, entrar no ritmo em que as idas e vindas sejam comuns. A duração não é determinada e pode ocorrer por estilhaços, fragmentos que estariam emaranhados com aquilo que poderia ser chamado de emoção fóssil ou emoções fósseis, isto é, que vêm de muito longe no tempo e que ocorrem apenas por instantes. Esse talvez seja um modo de ler as emoções segundo G.(D-)H. O signo que foi acrescentado, a letra "D" acrescida de um hífen, também ocupa uma dimensão sensível infra para a leitura das emoções em Clarice Lispector, dado que o próprio hífen, que ocupa parte do ensaio de Georges Didi-Huberman, também é um signo gráfico que o une a esta leitura por montagem em Lispector.

*

Vamos falar a verdade: isto aqui não é crônica coisa nenhuma. Isto é apenas. Não entra em gênero. Gêneros não me interessam mais. Interessa-me o mistério. Preciso ter um ritual para o mistério? Acho que sim. [...]. Sou uma só. Antes havia uma diferença entre mim e o escrever (ou não havia? não sei). Sou um ser. E deixo que você seja. Isso o assusta? Creio que sim. Mas vale a pena. Mesmo que doa. Dói só no começo (2018, p. 404).

Em "Máquina escrevendo", Clarice Lispector escreve sobre a sua conquista da liberdade, "a ponto de não precisar mais escrever", mas também a ponto de não entrar nas distinções de gênero, nas normatizações da própria escrita e no fluxo das emoções que desponta textos, cujas unidades são frágeis. Há uma unidade, há um autor, há emoções, mas há também uma imensa fragilidade de tudo isso e mais o que deriva de tais instâncias. Georges Didi-Huberman apresenta aspectos das crônicas de Clarice Lispector a partir de tal fragilidade, ele considera o *animus brincandi* (2018, p. 13) da escrita, as relações entre potência e fragilidade (2018, p. 31-32), a adestração das percepções ao longo dos séculos (2018, p. 39), como as criadas se sentem por dentro (2018, p. 48), a vontade de querer ser anônima e íntima (2018, p. 52), recados ao linotipista, ou seja, o corretor para que ele não corrigisse as suas vírgulas (2018, p. 74), a personagem leitor (2018, p. 80) e sobretudo a sensibilidade inteligente (2018, p. 161), como aquela que recorda que "escrever é tantas vezes lembrar-se do que nunca existiu" (2018, p. 368). Esses são alguns saltos das emoções, da vertical das emoções em Lispector.

Existe algo paradoxal que pode ser investigado tanto no "eu não-eu" ("Je hors-je") evocado por Georges Didi-Huberman quanto no "eu" de Clarice Lispector. Ambos os autores pensam e põem em prática um "eu" estranho e familiar para estabelecer, por um lado, uma aproximação entre Sigmund Freud[4] e Pierre Fédida, em termos dos corpos em imagens (2002, p. 297), e, por outro, para buscar entender que uma "emoção não diz *eu*" (2013, p. 37). Esta afirmação movimenta, pelo menos, dois pontos. O primeiro deles é que o "eu" individual é um epifenômeno, o segundo é que as emoções, por mais que sejam efêmeras ou ins-

---

[4] Na terceira parte de *L'image survivante*, "'L'image-symptôme' – Fossiles en mouvement et montages de mémoire", Didi-Huberman nota que "significativamente, Freud aborda o problema do sintoma exatamente onde Charcot o tinha deixado: na parte inferior dos 'movimentos ilógicos'" (2002, p. 296).

tantâneas, vêm de muito longe. Em *Que emoção! Que emoção?* lê-se que "ao meu redor, a sociedade, a comunidade dos homens, também é muito maior, mais profunda e mais transversal que cada pequeno 'eu' individual" (2013, p. 37), mas, por outro lado, "as emoções passam por gestos que realizamos sem nos darmos conta de que elas vêm de muito longe no tempo" (2013, p. 39). Georges Didi-Huberman demonstra que uma emoção nunca está isolada, ela não é única, mas várias, sendo gestos que não devem ser excluídos de outras emoções que circundam e que constituem um sujeito. Alegria, tristeza, medo e mesmo uma "felicidade clandestina", uma imagem frágil e indelével de Clarice Lispector, são modos pelos quais todo um mundo é composto ou descoberto. Nesse sentido, a obra de Clarice Lispector posta em diálogo com o pensamento de Georges Didi-Huberman é uma trama aberta de emoções e um permanente convite a vagabundear por leituras e releituras, a compor e recompor uma aprendizagem que pode muito bem ser um livro dos prazeres.

Referências

DIDI-HUBERMAN, Georges. "Idas y vueltas ou la politique du vagabondage". *Les Cahiers du Musée national d'art moderne*. Hiver, 2020/2021, n. 154. Paris: Centre Georges Pompidou, pp. 3-49.

_____. *Désirer désobeir*. Ce qui nous soulève, 1. Paris: Les Éditions de Minuit, 2019.

_____. *Quelle émotion! Quelle émotion?* Paris: Bayard, 2013.

_____. *Atlas ¿cómo llevar el mundo a cuestas?* Madrid: Museo Nacional Centro de Arte Reina Sofía, 2010.

_____. *L'image survivante*. Histoire de l'art et temps des fantômes selon Aby Warburg. Paris: Les Éditions de Minuit, 2002.

_____. *O que vemos, o que nos olha*. Trad. Paulo Neves. São Paulo: Editora 34, 1998 [1992].

LISPECTOR, Clarice. *Todas as crônicas*. Rio de Janeiro: Rocco, 2018.

_____. *A legião estrangeira*. Rio de Janeiro: Editora do Autor, 1964.

_____. *A paixão segundo G.H.* Rio de Janeiro: Editora do Autor, 1964.

LLANSOL, Maria Gabriela. *Um falcão no punho*. Lisboa: Relógio d'Água, 1998 [1985].

PENNA, João Camillo. "O nu de Clarice Lispector". *Alea*, v. 12, n. 1, 2010, pp 68-96.

Sobre o autor

Nascido em 1953, Georges Didi-Huberman é filósofo e historiador da arte. Conferencista desde 1990, é professor na École des Hautes Études en Sciences Sociales (França). Foi premiado em Hamburgo pela Fundação Aby Warburg e, em 2015, recebeu o Prêmio Theodor W. Adorno, que recompensa as contribuições excepcionais nos campos da filosofia, música, teatro e cinema. É autor de cerca de 50 livros e ensaios, nos quais combina filosofia e história da arte.

1ª edição [2021]

Esta obra foi composta em Minion Pro e Avenir
sobre papel Pólen Bold 90 g/m² para a Relicário Edições.